LEAN ENTERPRISE

Guía paso a paso de inicio rápido para crear una empresa lean

Harry Altman

© Copyright 2017 Harry Altman - Todos los derechos Reservados.

Si quisieras compartir este libro con otra persona, por favor compra una copia adicional para cada receptor. Gracias por respetar el arduo trabajo de este autor. De lo contrario, la transmisión, duplicación o reproducción de la siguiente obra, incluyendo información específica, se considerará un acto ilegal, independientemente de si se realiza electrónicamente o por impreso. Esto se extiende a crear una copia secundaria o terciara de la obra o una copia grabada, y sólo se permite bajo consentimiento expreso por escrito de parte del Publicador. Todo derecho adicional reservado.

TABLA DE CONTENIDO

INTRODUCCIÓN 6

CAPÍTULO 1: LEAN COMO UN RECURSO EMPRESARIAL 9

CAPÍTULO 2: MANUFACTURA ESBELTA 18

CAPÍTULO 3: LEAN COMO UNA GRAN MÁQUINA DE NEGOCIOS 23

CAPÍTULO 4: LEAN SIX SIGMA PARA GRANDES COMPAÑÍAS 39

CAPÍTULO 5: BENEFICIOS DE LEAN 47

CAPÍTULO 6: CONCEPTOS DE MANUFACTURA ESBELTA PARA LA OFICINA 50

CAPÍTULO 7: LEAN EN EL SECTOR TI 55

CAPÍTULO 8: SIMPLIFICA LEAN CON FOCUS 59

CAPÍTULO 9: LAS CUATRO PREMISAS MÁS IMPORTANTES DE LEAN 69

CAPÍTULO 10: ¿CÓMO ESTIMULA EL ENTRENAMIENTO LEAN LA CALIDAD Y LA EFICIENCIA? 76

CAPÍTULO 11: SIX SIGMA VS MANUFACTURA ESBELTA 81

CONCLUSIÓN 84

INTRODUCCIÓN

Una filosofía de manufactura que disminuye el tiempo entre el pedido del cliente y el envío por medio de la eliminación del desperdicio, dijo Jhon Shook, el primer y hasta ahora único "Kacho" (Gerente) Americano de Toyota en Japón. En 1890, Sakichi Toyoda recibe una patente para un telar de madera y la filosofía de "KAIZEN" nace de la necesidad de competir. Sakichi Toyoda dijo, "Ninguna máquina o proceso llega jamás al punto dónde no puede mejorarse."

En 1908, Henry Ford inventa la línea de ensamblaje móvil e incrementa el salario diario a $5,00; el flujo continuo como método de producción es creado. Henry Ford dijo en *Today and Tomorrow* que "se trata de mantener todo en movimiento y llevar el trabajo al hombre y no el hombre al trabajo. Este es el principio real de nuestra producción y las cintas transportadoras sólo son uno de muchos medios al final."

Henry Ford desarrolló y usó algunas herramientas de gestión bastante específicas mientras construía su fábrica de Modelo T, una o dos fábricas de tractores, una fábrica de aviones, fábricas de componentes y un vía férrea. Las herramientas de gestión que usó eventual mente se convirtieron en lo que se conoce como manufactura esbelta (el término original en inglés es "Lean Manufacturing). Esta evolución ocurrió luego de cruzar el océano dos veces y ser interpretada y reinterpretada entre lenguajes, culturas, ingenieros, contadores, maestros de herramientas, y docenas de otras personas específicamente adiestradas.

Los fabricantes japoneses, Toyota en particular, adoptaron la manufactura esbelta en su proceso de manufactura y pasaron varias décadas refinándola mientras los Americanos la ignoraban. Por la época empezó a regresar a los Estados Unidos, mucho de lo que Henry Ford había aprendido, usado y publicado estaba olvidado. Los métodos que había usado se volvieron bastante rígidos e institucionalizados, y al hacerlo se volvieron menos adaptables a diferentes modelos de manufactura.

Cuando la manufactura esbelta regresó a los Estados Unidos en los 1980s, muchos lo vieron como una herramienta universal. Esa herramienta resulta tener un gran valor en el ambiente correcto pero no es completamente adaptable a otros- por ejemplo, fabricantes personalizados pequeños, y fabricantes de poco volumen. Las herramientas de gestión que desarrolló Henry Ford pueden usarse para implementar la verdadera manufactura esbelta en planta de alta variedad y bajo volumen al igual que en una planta de alto volumen y poca variedad. Sus herramientas se centraron en la observación y adaptación.

Mientras que puede significar la reducción de la preparación y el almacenamiento "kanban" en una planta, no necesariamente significaba eso para todas las plantas o todo el tiempo.

CAPÍTULO 1
LEAN COMO UN RECURSO EMPRESARIAL

Lean, como su nombre sugiere, es la producción de productos o servicios usando lo mínimo de todo- esfuerzo humano, inversión en inventario, máquinas, espacio, herramientas, tiempo, desarrollo, transporte/movimiento.

El término es llamado Lean (literalmente "Lean" puede traducirse como "esbelto"), Lean Manufacturing (Manufactura Esbelta) y Lean Enterprise (Empresa Esbelta), ambos significan lo mismo y se derivan del sistema de Producción de Toyota y algunas otras fuentes. Sin embargo es bastante sencillo, la reducción de desperdicios de procesos es lo que ha permitido a Toyota volverse una de las compañías de coches más grandes y confiables del mundo.

"Lean" es por lo tanto, la identificación y eliminación constante del desperdicio por medio de la implementación de enfoques de calidad perfecta al trabajo, estandarización de procesos, optimización del flujo, la flexibilidad de trabajo, relaciones a largo plazo con los clientes y proveedores y reducción del tiempo llevando a la reducción de costos y mejora empresarial. Para lograr esto se han desarrollado numerosas herramientas que facilitan la remoción del desperdicio de procesos y una cantidad de metodologías para implementar los principios.

En organizaciones donde los principios de la manufactura esbelta han sido totalmente entendidos, las personas usan las herramientas y técnicas sin pensar pues eliminar el desperdicio y mejorar el flujo se ha vuelto la norma. La manufactura esbelta ha estado desde los años 40 y se ha desarrollado y adaptado a lo largo de los años para volverse una de las metodologías de mejora empresarial clave usada en muchas de las compañías más grandes a nivel mundial. Esencialmente lean es sencillo y fácil de entender. La implementación de lean está enfocada en llevar las cosas correctas al lugar correcto en el momento correcto en la cantidad correcta para lograr un flujo de trabajo perfecto mientras se minimiza el desperdicio y el inventario, mientras es flexible y capaz de cambiar si los requerimientos del cliente cambian.

Sin embargo, sin importar cuan sencilla sea la utilización de lean, los aspectos culturales y administrativos de lean son igualmente importantes o inclusive más que las herramientas o metodologías reales en sí. Hay muchos ejemplos de la implementación de herramientas lean sin beneficios sostenidos y a menudo son culpadas de poco entendimiento de lean en la organización.

El primer concepto que debe entenderse es que el desperdicio es malo. Esta ha sido la filosofía para las compañías exitosas desde Henry Ford en adelante. ¿Entonces qué es un desperdicio?

El desperdicio o trabajo sin valor añadido es cualquier cosa que no añade valor a tu producto o servicio. Cuando examinas tu proceso en verdadero detalle descubres que la gran mayoría de lo que hacemos no tiene valor añadido. Para ilustrar esto, Shigeo Shingo (un pensador profundo lean) observó que "esa es sólo la última vuelta de un perno que lo aprieta- el resto es movimiento". Si revisamos todo lo que hacemos hasta este momento, veremos que la mayoría de nuestras actividades son un desperdicio. Para eliminar el desperdicio debemos examinar tres aspectos- el diseño y la planificación de nuestras actividades, la fluctuación en nuestras operaciones tales como calidad y volumen y en tercer lugar el desperdicio en nuestros procesos mismos en el movimiento de las personas y materiales y las máquinas que usan.

Cuando examinas tus procesos de este modo se puede decir que estás "aprendiendo a ver" y puedes empezar a eliminar el desperdicio y mejorar los procesos. Para hacer las cosas más sencillas aquí hay 7 maneras de pensar en el desperdicio.

LAS SIETE FORMAS ORIGINALES DE DESPERDICIOS SON:

1. Sobreproducción (producción más allá de la demanda): hacer las cosas más allá de dónde el cliente realmente quiere. Hacemos esto debido a que nuestros procesos no son confiables, o nos gusta fabricar o hacer tareas en grandes lotes (tradicionalmente los contadores nos dicen que esta es la manera más eficiente)

2. Transporte: Mover partes, materiales o el trabajo en progreso en una fábrica o el papel en una oficina

3. Espera: la espera por partes o información para poder realizar una tarea

4. Inventario (todos los materiales, el trabajo en progreso y los productos terminados): Los ítems producidos que no pueden ser usados o vendidos inmediatamente van al inventario comprometiendo dinero, espacio y causando múltiples problemas de gestión

5. Movimiento: las personas o equipos moviéndose o caminando más de lo que se requiere para realizar el procesamiento

6. Sobre-procesamiento: Hacer más de lo que se necesita o hacer más trabajo de lo que se requiere debido a que no garantizas cuál será el resultado esto es, necesito 20 pero haré 25 en caso de que algo vaya mal.

7. Defectos/ Reelaboración: El esfuerzo involucrado en inspeccionar y arreglar defectos, reelaborar objetos o tener que despedazarlos.

Ahora se ha identificado el octavo desperdicio

8. Talento Humano: el desperdicio del talento, entrenamiento, entusiasmo y poder cerebral de las personas.

Al identificar el desperdicio y las actividades sin valor añadido en nuestros procesos podemos empezar a usar las herramientas lean para eliminarlos. Las herramientas lean típicas incluyen- 5S, gestión visual, TPM, SMED, Pokie Yorkie, trabajo estandarizado, pull system, takt time, flujo de una sola pieza, Kanban, manufactura celular, diseño para la manufactura, Kaizen, etc.

El pensamiento lean y las herramientas asociadas a él han sido usados durante décadas en todo el mundo por todo tipo de empresas. Hay un enfoque estándar para la implementación del pensamiento lean.

Paso 1: Especificar el Valor

Define el valor desde la perspectiva del consumidor final. Lo que tus clientes realmente quieren, lo que pagarán por ello y lo que quieren hacer con ello.

Paso 2: Mapear

Identificar la corriente de valor, todas las acciones requeridas para traer un producto específico por medio del flujo físico de la compañía. Esto incluye todos los pasos del flujo de información y flujo de gestión para hacer que las cosas pasen.

Crea un mapa de cómo es hoy en día y cómo quieres que se vea. Identifica y categoriza el desperdicio en el estado actual y elimínalo.

Paso3: Flujo

Realiza los pasos restantes en el flujo de la corriente de valor. Elimina las barreras funcionales y desarrolla una organización enfocada en el producto que mejore dramáticamente los plazos.

Paso 4: Retiro

Deja que los clientes retiren los productos según se necesite, eliminando la necesidad de la proyección de ventas.

Paso 5: Perfección

No hay fin en el proceso de reducir el esfuerzo, tiempo, espacio, costo y errores. Regresa al primer paso y empieza la próxima transformación esbelta, brindando un producto que esté mucho más cerca de lo que el cliente quiere.

Si tienes una directiva que entienda los conceptos y una fuerza de trabajo que abrace la cultura, entonces el enfoque Lean transformará tu empresa.

CAPÍTULO 2
MANUFACTURA ESBELTA

La manufactura esbelta es algo bastante bien conocido en estos días puesto que más y más compañías buscan seguir una tradición empezada por el sistema de producción de Toyota.

El Sistema de Producción de Toyota creó la manufactura esbelta, que es una filosofía de gestión que ayuda a la compañía a enfocarse en la reducción de los siete desperdicios de Toyota, lo cual mejora el valor general del cliente. Los términos manufactura esbelta y Six Sigma a menudo son usados de manera intercambiable debido a que ambos procesos se enfocan en una reducción de la variación del proceso.

La filosofía de la manufactura esbelta de Toyota les ha ayudado a volverse una de las compañías de coches más grandes del mundo porque son capaces de crear un producto de alta calidad al precio más accesible para el cliente. El estilo de gestión encontrado en Toyota ha consistido totalmente en correr una empresa esbelta o eficiente.

La base entera de la filosofía es que hay herramientas que ayudan a la compañía a identificar y luego limitar el desperdicio que están creando. Cuando esto se hace, la calidad del producto final es mejorada, y el tiempo y los costos de producción se reducen en gran medida. El desperdicio es un subproducto de toda la fabricación, de modo que es imposible deshacerse totalmente de él. La filosofía usa herramientas para ayudar a minimizar el desperdicio y estas incluyen la mejora continua del proceso, los 5 Porqués, así como también la comprobación de errores. Esto permite a la compañía revisar continuamente sus procesos de producción y gestión y buscar áreas de oportunidad.

Mientras que muchas compañías siguen cometiendo los mismos errores una y otra vez, este sistema permite a la compañía ver dónde puede mejorar sus procesos, y por lo tanto mejorar la empresa en general.

Toyota no se detuvo en un solo enfoque a la manufactura esbelta; siguieron con un segundo enfoque separado. Este enfoque se centra en implementar el flujo o fluidez del trabajo a lo largo del sistema, y no incluye técnicamente la reducción de desperdicios.

Los trabajos de filosofía producen la nivelación de la producción y más y para asegurarse de que la empresa no sólo vaya a reducir el desperdicio sino que produzca tan eficientemente como sea posible. El desperdicio se refiere tanto a los desperdicios reales de los productos así como también al desperdicio de tiempo y energía.

Es importante limitar todas estas formas de desperdicio para hacer funcionar la mejor compañía posible, ya sea una compañía muy grande o muy pequeña. El hecho de que la filosofía pueda usarse en grandes o pequeñas empresas es parte de lo que la hace atractiva para muchos.

Muchos no entienden que la manufactura no es la meta de la empresa; más bien es el medio para llegar a la meta. Cuando una compañía implementa filosofías de manufactura esbelta son capaces de implementar un flujo de procesos uniforme, lo que de hecho descubrirá problemas de calidad que ya existían dentro de la empresa o modelo de producción.

El uso de la manufactura esbelta funciona bien para muchas compañías hoy en día porque no se enfoca solamente en un aspecto de la empresa; en su lugar, ve a la empresa entera de manera global y ayuda a descubrir áreas de oportunidad para la reducción de desperdicios así como también para la eficiencia de la empresa.

Mientras que hay muchas metodologías que son similares a la manufactura esbelta, no hay ninguna que sea exactamente igual. Esta filosofía se basa bastante en herramientas, lo que significa que cuando algo no fluye bien, la gerencia tiene herramientas específicas a mano que, cuando se implementan, pueden arreglar una multitud entera de problemas debido a una simple reacción en cadena. Cuando todo está fluyendo y se implementa apropiadamente, entonces el desperdicio es eliminado como un subproducto del flujo más eficiente.

Suena muy sencillo para que realmente funcione, pero como ha demostrado Toyota, no se requiere una filosofía muy complicada para transformar lo que era una pequeña compañía en un fabricante gigante a nivel mundial.

CAPÍTULO 3
LEAN COMO UNA GRAN MÁQUINA DE NEGOCIOS

La manufactura esbelta se enfoca principalmente en eliminar los siete mayores desperdicios, los cuales son: el tiempo de espera, el movimiento, los desechos, el inventario, la sobreproducción, el transporte y el sobre-procesamiento. Los puntos principales de la manufactura esbelta son los siguientes:

Calidad perfecta por primera vez- la búsqueda de no tener defectos, revelar y resolvier problemas en su origen, minimización de desperdicios- eliminar todas las actividades que no añaden valor y redes de seguridad, maximizar el uso de recursos escasos (capital, personas y espacio), la mejora continua- reducir costos, mejorar la calidad, incrementar la productividad y el intercambio de información, procesamiento "pull": los productos son "halados" desde el extremo del cliente, no son empujados desde el extremo de la producción, flexibilidad- producir diferentes mezclas o mayor diversidad de productos rápidamente, sin sacrificar la eficiencia a volúmenes más bajos de producción, crear y mantener una relación a largo plazo con los proveedores por medio de arreglos de intercambio de riesgos, de costos y de información.

La economía en el mundo de hoy siempre está cambiando y es más competitiva que nunca. Las nuevas compañías son creadas todos los días y las viejas se aferran más fuertemente a sus imperios económicos. Para que cualquiera de estas compañías siga siendo o se vuelva exitosa, deben encontrar un modo de permanecer en la cima de su juego y complacer al cliente mejor que nunca antes. Cada vez más las compañías exitosas están recurriendo a la manufactura esbelta como la respuesta para permanecer en la cima de su industria. La manufactura esbelta no es necesariamente una manera particular de producir un producto. Es en su lugar una forma filosófica de pensamiento.

Se pude decir que McDonald's ha implementado recientemente una técnica esbelta. McDonald's ya no hace comida en abundancia para esperar en bandejas de almacenamiento en anticipación a una avalancha a la hora de comer. Si no sucede una avalancha, entonces hay un desperdicio obvio de comida así como de trabajo también.

En su lugar, McDonald's se ha enfocado en hacer la comida cuando el cliente ordene para brindar una comida más fresca y caliente. Un enfoque en el entrenamiento laboral consistente y la mejora es la clave para mantener a este servicio rápido y confiable. Al implementar esta nueva manera de pensar más "esbelta", el desperdicio de comida y trabajo ha sido minimizado, lo cual es la meta principal del proceso lean.

La manufactura esbelta realmente nació en 1914 con Henry Ford y la línea de ensamble móvil para la producción en masa. La manufactura esbelta consiste en mantener un flujo constante de productos de la puerta al cliente. El sistema de Ford hacía exactamente eso, a pesar de que estaba pasando por alto algunos de los factores más importantes y comunes en la filosofía esbelta de hoy en día. La línea de ensamble original de Ford sacaba miles de coches Modelo T a una vasta tasa. El problema era que no importaba cuales eran las demandas o solicitudes del cliente; había un Modelo T negro disponible. No se preocupaban por la satisfacción del cliente o por la demanda de ningún modo.

La compañía automotriz Ford se quedó atascada con la producción en masa y tenía un gran almacén de inventario (desperdicio) sin hacer nada. A pesar de que se le ha atribuido a Toyota el inicio de la Producción Esbelta con su Sistema de Producción de Toyota, las raíces de la producción "lean" se remontan hasta el siglo XVI. En 1570, el Rey Enrique III de Francia veía con asombro como el Arsenal de Venecia construía galeras en menos de una hora usando un proceso de flujo continuo.

Luego, en los años 40, la Toyota Loom Company tuvo sus propios problemas. Luego de la Segunda Guerra Mundial, cuando la industria japonesa estaba diezmada, la familia Toyota decidió extender la Toyota Automatic Loom Company para empezar una compañía automotriz.

Tenían algo de dinero pero no tenían la infraestructura. Ciertamente no podían competir directamente con compañías establecidas como Ford. Por lo tanto, su única demanda estaba en Japón, lo que implicaba suministrar pequeñas cantidades con alta variedad mientras que Ford estaba vendiendo Modelos T de cualquier color que quisieras siempre que fuese negro.

Toyota también tenía que confiar en los socios proveedores extranejors para hacer la inversión de capital necesaria para iniciarse en la empresa. Taiichi Ohno, el líder de la empresa manufacturera de Toyota, salió con un sistema ahora llamado el "Sistema de Producción Toyota" o SPT (TPS en inglés). No hizo esto sólo sin embargo, Ohno estudió diligentemente a Henry Ford y las filosofías de su compañía en manufactura.

Toyota y Japón tenían los problemas de espacio, recursos o demanda insuficientes para competir con los fabricantes de coches más grandes de América. Al abordar y resolver estos problemas, Ohno empezó el Sistema de Producción Toyota, y la revolución manufacturera conocida hoy en día como Manufactura Esbelta.

Luego de la Segunda Guerra Mundial, Ford era diez veces más productivo que Toyota, pero entre 1945 y 1970, el Sistema de Producción Toyota de Ohno estaba revolucionando la industria automotriz japonesa. Fue durante este tiempo que el resto del mundo y particularmente los Estados Unidos empezaron a entender los inmensos beneficios de la manufactura esbelta.

La industria de coches de los Estados Unidos prestó especial atención cuando la Máquina que Cambó al Mundo fue publicada, resaltando los grandes logros de Toyota y la gran brecha entre la calidad y productividad japonesas y las compañías de coches de Occidente. Muchas diferencias eran factores de diez- como la brecha original entre Ford y Toyota pero al revés. Ese libro acuñó el término "manufactura esbelta" porque Toyota estaba haciendo más con menos de todo- menos espacio, menos personas, menos capital y menos inventario.

Como dije antes, la meta principal de la manufactura esbelta es eliminar o minimizar al menos el desperdicio. La manufactura esbelta también busca optimizar el flujo de los materiales de producción a lo largo de todo el proceso. Al eliminar el desperdicio, un sistema lean elimina la variabilidad en el proceso mismo y el tiempo de ciclo de materiales.

El tiempo de ciclo es la duración del tiempo de producción de los materiales invertido en cualquier fábrica, mientras que el tiempo de procesamiento es el intervalo de tiempo requerido para procesar cualquier ítem particular en cualquier estación de trabajo dada. Al eliminar la variabilidad dentro de estos dos conceptos de lean, las compañías se vuelven más eficientes y son capaces de reducir los costos finales de producir un producto de calidad demandado por el cliente.

Reducir la variabilidad es un objetivo central de la manufactura esbelta. De hecho, la reducción de la variabilidad podría definirse como la manufactura esbelta en acción. Algunos de los beneficios de reducir la variabilidad o de practicar los principios Lean son tiempos de ciclo más cortos, plazos más cortos, tiempos más cortos de respuesta a las demandas de los clientes, costos menores, mayor flexibilidad, mayor calidad, mejor servicio al cliente, y mayor ingreso. Ciertamente, estos son todos los elementos para crear una compañía exitosa, capaz de cumplir las demandas cambiantes de un mercado altamente competitivo.

La Sociedad Internacional de Six Sigma brinda el acrónimo DOTWIMP para recordar los siete desperdicios asociados con la manufactura esbelta.

1. Defectos (Defects): Un defecto se define como cualquier cosa producida por medio del proceso que con la que el cliente no esté satisfecho o por la que no desee pagar. Usualmente conocidos como errores, los defectos interrumpen el proceso de producción y requieren una

inversión final mayor para producir un producto para ganancias. Inicialmente, la mayoría de los defectos requieren menos tiempo de producción para producirse que los productos de alta calidad. Esto se debe a que la mayoría de los defectos ocurren porque al menos alguna de las facetas del proceso de producción fue saltada u omitida. Al final, sin embargo, los defectos son pesadillas de costos para las compañías. Los pasos adicionales que añaden al proceso de producción son exponenciales puesto que la mayoría de los pasos en los procesos son repetidos. Además, los costos intrínsecos son inmedibles. La falta de la confianza del cliente añadían costos operativos del cliente, y la falta de satisfacción con los productos comprados son todos costos finales y defectos que destruyen las ganancias de la compañía y la longevidad en el mercado.

2. Sobreproducción (Overproduction): Piensa otra vez en el modelo Ford de producción a inicios de los años 1900s.

¿Qué valor generó el exceso de cientos de Modelos T? En esencia, sólo generaron más gastos para las compañías. Los recursos valiosos estaban atados en bienes que no podían ser vendidos. Esto genera tiempo, trabajo y recursos desperdiciados que podrían ser ubicados en otras áreas, tales como las necesidades del cliente, mejora de procesos, o para el crecimiento de la empresa.

3. Transporte (Transportation): Esto trata desde movimiento de materia prima des de los vendedores, hasta partes a lo largo del proceso de producción, y hasta los bienes terminados que llegan al usuario. La manufactura esbelta trata de optimizar este movimiento de modo que se elimine el manejo innecesario de materia prima, el exceso de movimiento de partes, y los pasos añadidos en el proceso de distribución.

4. Espera (Waiting): Uno de los mayores problemas con el enfoque de línea de ensamble de Ford es que no todos los pasos están sincronizados entre sí. Un paso podría requerir cinco minutos de trabajo para completarse, mientras que el siguiente paso podría requerir sólo dos minutos para completarse. Obviamente, cuando este sea el caso, ocurrirá una interrupción del movimiento, y el proceso estará en modo de "espera". La manufactura esbelta trabaja para eliminar o minimizar este período de espera al combinar algunos pasos y separar otros de modo que cada paso esté acoplado de manera más precisa con los que están antes y

después. Esto reduce la cantidad de tiempo que un empleado pasa sentado sin que le paguen.

5.   Inventario (Inventory): Cuando Toyota empezó a transformarse en una instalación para la fabricación de automóviles, se vieron forzados a eliminar tantos costos adicionales como fuese posible. Una manera en que hicieron esto fue eliminando los recursos capitales sin usar en su almacenes de partes. Entendieron que si su ganancia estaba ligada a las partes que no podían ser transformadas en bienes que se pudieran vender de una manera eficiente, entonces sería probable que no sobrevivieran como una compañía joven.

En su lugar, trabajaron de cerca con sus socios proveedores para recibir inventario que fuese necesitado para fabricar bienes de acuerdo a la demanda del cliente. Los bienes eran entonces vendidos más raídamente, y se creó un mayor flujo de dinero para comprar la siguiente orden de partes a los proveedores.

6.   Movimiento (Motion): Horas y horas de producción son desperdiciadas segundos a la vez. Lean aborda este problema al optimizar el proceso de producción en la

estación de trabajo misma. Si a un trabajador le toma minutos encontrar las partes necesarias para completar su paso en el proceso, lean encuentra un modo de hacer que las partes sean más accesibles, reduciendo por lo tanto los minutos a segundos. Esto pudiera no parecer una gran reducción de desperdicios, pero considera este modelo. Un trabajador usa un tornillo por producto en su paso en el proceso. EL mismo trabajador produce un centenar de estos productos cada día de trabajo. El trabajador debe colocarse debajo de la mesa de trabajo cada vez que se requiere un tornillo. Este paso toma treinta segundos, o 3000 segundos por cada 100 productos. Al colocar el recipiente de tornillos en frente del trabajador a la altura del hombro, el trabajador puede retirar el tornillo con menos esfuerzo y en sólo diez segundos. Esta reducción del movimiento ha ahorrado 2000 segundos por cada 100 productos. Cuando se calcula el costo anual final de esta reducción, se vuelve obvio cómo el movimiento reducido ahorra dinero así como tiempo también. Este ejemplo sencillo puede ahorrarle tanto a una compañía como 137 horas de producción a lo largo del curso de un año. Estos costos realmente empiezan a acumularse cuando uno considera que hay varios pasos de producción involucrados en crear un producto para la venta.

7. Fallas del Proceso (Process Flaws): Este concepto puede asumir varia dinámicas. Puede reducirse a decir que cualquier defecto en el proceso que cree un retardo en la producción, una interrupción del flujo del proceso, o un incremento en el trabajo necesario, incrementa en gran medida la inversión inicial de una compañía para obtener el resultado deseado. Esto, por supuesto, añade un mayor costo, lo que obstaculiza la habilidad de una compañía para permanecer competitiva en el mercado.

VÚELVETE LEAN O VETE A CASA

Lean actualmente es un tema estrella en la mayoría de las industrias y está llegando a una industria cercana a ti. Prácticamente todo tipo de industria está usando actualmente la manufactura esbelta: los Centros de Distribución, agencias gubernamentales, compañías de manufactura, mecánicas y de software y sistemas. El uso del pensamiento lean ha sido aplicado durante décadas para mejorar la competitividad y acelerar el crecimiento de una compañía por los gerentes y CEOs por igual. Quizás, el aspecto más interesante de la manufactura esbelta es que no se detiene con la directiva. En su lugar, lean es una filosofía que abraza al trabajador que realmente produce el producto o servicio siendo comprado y vendido. Hoy en día, el líder en manufactura es Estados Unidos, debido al menos en pate a la implementación de principios lean en muchas de nuestras industrias.

Otras empresas han tomado nota y ahora están aplicando los principios lean para competir.

Las compañías, no importa cuán grandes o pequeñas sean, están cambiando sus prácticas a métodos lean. Muchas compañías que implementaron prácticas lean tales como General Electric y Hewlett Packard redujeron sus gastos generales de operación en un 30% o más, las ventas se duplicaron, hubo más ganancias y continuaron creciendo a una tasa acelerada. Las compañías han experimentado este crecimiento y éxito sin eliminar cargos, lo que parece haber sido la solución principal usada para reducir costos en el pasado.

Con tal evidencia abrumadora y argumentos tan convincentes, parecería razonable que todas las compañías adoptaran los conceptos de manufactura esbelta. Este no siempre es el caso. Hay dos razones principales por las que algunas compañías no están implementando lean. Algunas compañías simplemente ignoran a lean y no entienden claramente lo que está involucrado en la mejora de procesos. Puesto que son ignorantes de estas prácticas, tienden a usar métodos más antiguos con los cuales se sienten más cómodas. La manufactura esbelta no pueden suceder y no sucederán de la noche a la mañana. Convertirse a un sistema lean requiere tiempo y esfuerzo, y las personas orientadas a resultados quieren resultados inmediatos. La otra razón principal por la que las compañías fallan en implementar las prácticas lean es que ven los cambios de procesos como nuevas inversiones, lo cual iguala por supuesto al nuevo costo. Han invertido grandes sumas de tiempo y dinero en sus procesos actuales, sin importar las ineficiencias, y fallan en entender que los costos iniciales de los procesos lean simplemente son una inversión para el crecimiento y ganancias futuras.

La manufactura esbelta no es un conjunto de técnicas aisladas. Es un sistema empresarial completo. Al eliminar los desperdicios inherentes, lean crea una nueva manera de diseñar, una nueva manera de vender, una nueva manera de manufacturar, y más importante, una nueva manera de involucrar a todos los empleados en mejorar los procesos, la calidad del producto y la satisfacción del cliente.

Debería recordarse que lean no es una meta final por la que una compañía trabaja. Es una forma de pensar en constante cambio para sacar lo mejor de la compañía todo el tiempo.

De manera sencilla, la manufactura esbelta consiste en hacer feliz al cliente al llevarles el producto de la manera más rápida posible con la mayor calidad posible mientras se genera la mayor ganancia posible.

No hay una mejor manera de tener éxito en el cambiante mundo empresarial actual. Las compañías que consistentemente son capaces de adaptarse a las necesidades cambiantes de sus clientes y compañías que son capaces de satisfacer estos cambios con los menores costos y producen las mayores ganancias son las compañías que seguirán teniendo éxito.

Estas compañías entienden que la manufactura esbelta es un proceso, un viaje, y no un estado final.

CAPÍTULO 4
LEAN SIX SIGMA PARA GRANDES COMPAÑÍAS

En el fondo, lean se trata de la velocidad y relación entre pasos en un procesos. Trata de eliminar elementos sin valor añadido de los procesos. Se trata de eliminar los lotes para crear un "flujo individual."

¿Y de dónde sacó Toyota esta tonta idea llamada "lean"?

Aquí está el descubrimiento crítico de Toyota: cuando haces los plazos cortos y te enfocas en mantener líneas de producción flexibles, realmente estás obteniendo mejor calidad, capacidad de respuesta, productividad, y utilización de equipo y espacio. Algunas creencias centrales incluyen:

1. El proceso correcto producirá los resultados correctos.

2. Desarrollar a tu gente y a tus socios añade valor.

3. Resolver continuamente los problemas raíces lleva al aprendizaje de la organización.

4. El flujo individual incrementa la productividad, rentabilidad y calidad.

5. A los productos no les gusta esperar en la línea. Los materiales, partes y productos son impacientes.

6. Lo único que añade valor es la transformación física o de información de la materia prima en algo que el cliente quiere.

7. Los errores son oportunidades para aprender.

8. La resolución de problemas es 20% herramientas y 80% pensamiento.

Tiempo y Trabajo sin valor Añadido

Hay siete grandes tipos de trabajo sin valor añadido:

1. La sobreproducción produce inventario que tiene que ser almacenado hasta que se necesite

2. La Espera (tiempo ocioso)

3. El movimiento innecesario

4. El Sobre-procesamiento o procesamiento incorrecto causa desperdicio y reelaboración

5. El Inventario en exceso

6. Los Defectos

7. La creatividad sin usar de los empleados

AComo se menciona en los capítulos anteriores

IDEAS CONTRADICTORIAS

1. La producción en masa se enfocaba en economías de escala; SPT se enfoca en economías de flexibilidad. La producción en masa se enfoca en los resultados, el SPT se enfoca en procesos. Los sistemas "push" se enfocan en un horario; los sistemas "pull" se enfocan en el consumo.

2. Deja de elaborar el producto: la sobreproducción es la principal actividad que no añade valor.

3. Para la línea de producción donde sea que haya un defecto. Corrige el proceso y luego continúa.

4. Sólo crea inventarios suficientes para nivelar tu respuesta a la demanda del cliente, debido a que los inventarios ocultan problemas.

5. La mayoría de los procesos empresariales son 90% desperdicio y 10% valor añadido. Cuando eliminas el desperdicio y aceleras el proceso también mejoras la calidad.

6. Toyota no tiene un programa Six Sigma, pero tienen uno de los niveles de calidad más altos de la industria. "La mayoría de los problemas no requieren de análisis estadístico complejo, sino que más bien requieren de una resolución meticulosa y detallada. Tenemos una técnica bastante sofisticada para resolver problemas: nos preguntamos "¿Por qué?" cinco veces. "

7. " Hay un caso obvio para el matrimonio harmonioso entre Six Sigma, el cual corrige procesos individuales, y lean, la cual corrige las conexiones entre procesos. "

8. El tamaño de lote ideal siempre es el mismo: uno.

9. Usa la tecnología para apoyar a las personas, no para reemplazarlas. Enfócate en los procesos y las personas primero, luego añade información y tecnología para

apoyarlos. Usa alternativas confiables de bajo costo antes por la cara tecnología nueva.

10.   Toma decisiones lentamente, implementa las decisiones rápidamente.

11.   Aprende al hacer primero y entrenar después. "No puedes usar PowerPoint para aprender acerca de lean. La manera de Toyota trata de aprender y hacer. En las etapas tempranas de lean, debería haber al menos un 80% de práctica y 20% de entrenamiento. El mejor entrenamiento es entrenar seguido de la práctica inmediata, o la práctica seguida del entrenamiento inmediato. "

12.   Usa expertos para obtener resultados rápidos. La palabra "sensei" se usa en Japón con algo de reverencia para referirse a un maestro que ha perfeccionado el tema. Los expertos pueden dar un rápido inicio al proceso al educar por medio de la acción.

LA HERRAMIENTA LEAN DE LAS CINCO "S"

1.   *Sort (*Ordenar*)*- Organiza los ítems y deja sólo lo que sea necesario

2. *Straighten* (Arreglar)- un lugar para todo y todo en su lugar.

3. *Shine* (Brillar)- limpieza

4. *Standardize* (Estandarizar)- desarrolla sistemas y procedimientos para mantener y monitorear las tres primeras S's.

5. *Sustain* (Mantener)- Mantén el nivel de desempeño.

PROGRAMA PILOTO LEAN

1. ¿Quién es tu cliente? ¿Qué quieren?

2. Analiza el estado actual de tu proceso (sin valor añadido, movimiento, etc.)

3. Desarrolla un estado futuro que:

a. Cree un flujo de una pieza (nada de grandes lotes)

b. Que agrupe las "células" de trabajo por producto, no por proceso.

c. Evite los traspasos

d. Nivele la carga

e. Estandarice las tareas

f. Elimine la redundancia

g. Incluya controles visuales para hacer sencilla la gestión

4. Implementa el cambio

5. Mide el desempeño en

a. Plazos (días)

b. % de tiempo de entrega

c. Defectos en PPM

d. Productividad (artilugios/hora)

6. Monitorea y mantén la mejora

7. Hazlo de nuevo

Tanto Six Sigma como lean consisten en lograr la rentabilidad a largo plazo y de larga duración para tu compañía. Como dirían los líderes de Toyota: "No puedes ir a ningún lugar saltando de buenas a primeras de moda en moda."

CAPÍTULO 5
BENEFICIOS DE LEAN

Las organizaciones que adopten la estrategia empresarial de Six Sigma tendrán los siguientes beneficios:

1. Decisiones efectivas de gerencia debido a la gran confianza en datos y hechos en lugar de presentimientos y corazonadas. Por lo tanto los costos asociados con el control y los esfuerzos resolución de problemas errados sin una metodología estructurada o disciplinada podrían reducirse significativamente.

2. Mayor entendimiento de las necesidades del cliente y las expectativas, especialmente de las características del rendimiento del servicio críticas para la calidad (CT) que tendrán el mayor impacto en la satisfacción del cliente y la lealtad.

3. Mayor flujo de dinero al hacer más eficientes y confiables los procesos.

4. Mejor conocimiento a lo largo de la organización sobre varias herramientas y técnicas para la resolución de problemas, llevando a una mayor satisfacción laboral para los empleados.

5. Número reducido de operaciones sin valor añadido por medio de la eliminación sistemática, resultando en un servicio de entrega más rápido, plazos de producción más rápidos, tiempo de ciclo más rápido para procesar características críticas para el desempeño para clientes y accionistas, etc.

6. Variabilidad reducida en el desempeño del proceso, la capacidad del producto y la confianza, servicio de entrega, y desempeño, llevando a un nivel de calidad de producto y desempeño del servicio más predecibles y consistentes.

7. Transformación de la cultura organizacional del pensamiento reactivo al pensamiento proactivo.

8. Crea nuevas oportunidades de clientes, mejora la posición del mercado en relación a los competidores, etc.

9. Comunicación interna mejorada entre departamentos, grupos, etc.

10. Six Sigma Lean crea una infraestructura de Campeones, Cinturones Negros Maestro (CNM), Cinturones Negros (CNs) y Cinturones Verdes (CVs) que dirigen, despliegan e implementan el enfoque.

11. Six Sigma Lean hace énfasis en la importancia de datos y la toma de decisiones basada en hechos y datos en lugar de suposiciones y corazonadas.

12. Six Sigma Lean usa el concepto del pensamiento estadístico y alienta a la aplicación de herramientas estadísticas y técnicas para la reducción de defectos por medio de los métodos de reducción de variabilidad de procesos (por ejemplo, control estadístico de procesos, Mapa de Flujo de Valor, y el diseño de experimentos).

CAPÍTULO 6
CONCEPTOS DE MANUFACTURA ESBELTA PARA LA OFICINA

La lealtad, el entusiasmo y el orgullo son dones del empleado que son valorados por su compañía. La Gerencia puede otorgar otro tipo de don al compartir su programa de fábrica esbelta con el personal de oficina. Mientras que lean no llega en una caja colorida para ser desenvuelta e instalada, sus resultados tangibles son visibles en las actitudes positivas de los empleados y la eficiencia incrementada en la fábrica y en la oficina.

Pasar los conceptos de la manufactura esbelta a la oficina puede requerir algo de convencimiento. Primero, los empleados de oficina deben aceptar la filosofía como apropiada para su espacio de trabajo. Los individuos pueden encontrar difícil de imaginar la implementación de conceptos originalmente diseñados para fábricas en un ambiente laboral de oficina. Mientras que se vadean por la política, órdenes y correos electrónicas de la compañía, los chicos de la fábrica ya están metidos en el lenguaje de la manufactura esbelta y se sienten cómodos con palabras como "kaizen" y "kanban". Podría no estar claro todavía cómo se relaciona la manufactura esbelta con los trabajadores de oficina.

Mientras que la gerencia desenvuelve la colorida caja llena de ideas Lean, los trabajadores de oficina deberían ser informados de que lean reducirá su estrés diario al eliminar el desorden de la oficina y reducir los costos. La definición clara de "lean" toma gran parte en cuán rápido adopten los empleados las técnicas y cuán emocionados se sientan con el cambio. La comunicación y educación continua aumentarán el conocimiento de los empleados sobre esta nueva filosofía.

Aquí hay algunos de los conceptos erróneos que tienen que ser resueltos y enderezados antes de que lean pueda florecer en la oficina:

Mito#1: Lean es para la venta y no puede aplicarse o adaptarse a mi oficina.

Cuando se presenta por primera vez, mejorar la eficiencia y disminuir el desorden en sólo cinco pasos puede ser fácilmente visto como sospechoso. Una introducción apropiada resultará en la "aceptación" necesaria para el éxito- eso significa demostrar que tu compañía está dedicada a buenos resultados.

Mito#2: Lean requiere que yo trabaje de manera más rápida y ardua.

Lean no trata de acelerar el paso o el trabajo indeseado; trata de permitir la productividad aumentada al establecer un itinerario para métodos empresariales más eficientes. Es importante mostrarle a los empleados maneras posibles de implementar sistemas y estandarizar procesos dentro y fuera de la oficina. He visto iluminarse a los ojos de los empelados cuando aprenden a ahorrar tiempo con su correo electrónico o a reducir los pasos para procesar una orden.

Mito #3: La Oficina Lean es una moda de gestión.

La gerencia tiene que demostrar que lean importa. La mayoría de las compañías que presentan lean la mantienen porque ha demostrado ser efectiva y resulta en eficiencia y mayor productividad. Tener comunicación regular con los empleados acerca de los procesos lean es un modo de aumentar el entendimiento y reforzar estas nuevas políticas.

Mito#4: El lenguaje lean es muy diferente. Probablemente tendré problemas para aplicarlo a mi oficina.

La paciencia es necesaria mientras los empleados empiezan a aprender e integrar el lenguaje y los conceptos no familiares. Los libros y la literatura esbelta deberían estar disponibles en áreas comunes tales como la cafetería o la sala de descanso. Colocar notas con consejos acerca de Lean en la oficina pueden hacer que el aprendizaje sea más sencillo, divertido y práctico. Una vez que los empleados de la oficina aumentan su nivel de confianza con los conceptos Lean, querrán compartir mejoras e ideas con sus contrapartes de ventas, llenando la brecha entre las ventas y la oficina, y aumentando la lealtad, el entusiasmo y el orgullo dentro de tu compañía.

CAPÍTULO 7
LEAN EN EL SECTOR TI

Las organizaciones de Tecnología de la Información (TI) están cada vez más bajo presión para mejorar la capacidad de sus servicios y procesos. En la búsqueda de metodologías para la mejora, las organizaciones a menudo adoptan una estrategia de "elegir una"- con lean siendo la opción más favorecida. Sin embargo, es posible integrar Lean y Six Sigma y cosechar todos los beneficios que estas metodologías pueden poner sobre la mesa.

Definido como la medida de calidad que aspira a casi la perfección, six sigma es un enfoque y metodología disciplinada e impulsada por datos para eliminar los defectos (aspirando a seis desviaciones estándar entre la media y el límite de especificación más cercano) en cualquier proceso- desde el de manufactura hasta le transaccional y desde el producto al servicio.

Para lograr ser Six Sigma, un proceso no debe producir más de 3,4 defectos por millón de oportunidades.

A pesar de que su origen está en la manufactura, cuando se implementa Six Sigma en TI no se trata de artilugios; el enfoque aún está en los procesos. Cuando se aplica a operaciones de TI, Six Sigma aspira a medir y mejorar tanto los procesos internos, tales como la velocidad de la red y la confianza, como los procesos en el área de negocios en los cuales TI tenga un rol, tales como qué tan bien funciona un sistema de ordenamiento en línea o qué tan bien se desempeña tu sistema de servicio al cliente realmente.

- La implementación de Six Sigma o de Lean le brinda a tus procesos de TI los siguientes beneficios:

- Mejora la eficiencia y efectividad de los procesos de la empresa y de TI

- Reduce los gastos operativos generales

- Mejora la experiencia del cliente

- Entrega resultados más rápidos con valor empresarial

- Mejora la productividad de la fuerza de trabajo

- Mejora la calidad del desempeño de productos y servicios

- Capacidad permitida de servicio y estabilidad con eficiencia y control operacional

El resultado aquí es que la manufactura esbelta y Six Sigma pueden usarse exitosamente en Proyectos de TI, procesos automatizados de TI, decisiones o implementación de PRE, Almacenamiento de Datos, Diseño de Software, diseño UI, operaciones de servicio al cliente en todo tipo de compañías de TI, EPN (o BPO por sus siglas en inglés), EPC (o KPO por sus siglas en inglés), etc.

El enfoque de Six Sigma obtiene un pulgar arriba por la mayoría de los CIO. Sin embargo, tienes que saber que Six Sigma es un sistema de herramientas. No hay un conjunto prescrito. Tienes que determinar tú mismo lo que quieres traer a tu fuerza laboral antes de que escojas tus herramientas.

CAPÍTULO 8
SIMPLIFICA LEAN CON FOCUS

Imagina el mundo dónde pudieras tomar las Herramientas Lean y simplificarlas para el hombre común. Muchos Practicantes de Lean no tardarán en decirte cuántos años han estudiado la manufactura esbelta y cuán importante es usar consultores experimentados únicamente.

Pero , ¿qué tal si no trabajas para una compañía que esté llevando a cabo un Despliegue Lean Empresarial? ¿Qué tal si tu empresa no tiene cultura o filosofía de mejora? ¿Puedes implementar todavía los principios de la Manufactura Esbelta?

La respuesta es SÍ: si te enfocas. Este capítulo de demostrará cómo experimentar focos de excelencia usando la metodología focus para la manufactura esbelta. Un método que aspira a simplificar la manufactura esbelta y hacerla agradable para los nuevos practicantes.

Ninguno de nosotros opera en un ambiente perfecto. Como hemos visto a partir de la última crisis, incluso Toyota comete errores. Eso no significa que como un individuo o como organización deberías perderte del poder de usar la manufactura esbelta para optimizar tus procesos empresariales.

LA METODOLOGÍA FOCUS

La Metodología FOCUS da un enfoque estructurado para iniciar y gestionar los proyectos Lean en un ambiente transaccional y de manufactura. Mientras que Six Sigma se enfoca en reducir defectos, la Manufactura Esbelta aspira a reducir el desperdicio y mejorar el flujo en una organización.

Una Empresa Esbelta produce sólo lo que se necesita cuando se necesita sin trabajo, costo o tiempo adicional, resultando en ahorros de finanzas. Muchas organizaciones manufactureras han adoptado esta filosofía de proceso Esbelta mientras que sus procesos transaccionales siguen siendo ineficientes.

Aquí están los elementos claves para implementar Lean a pequeña escala.

1. Encuentra Focos de Excelencia

Encuentra las pepitas doradas de la oportunidad, dónde las personas están frustradas con el modo en que las cosas están funcionando. El Mapea el Flujo de Valor de los Procesos de Alto Nivel e identifica las limitaciones y áreas que requieren mejoras. Presenta los resultados tan pronto como tengas personas deseando lo que hayas creado.

2.   Haz que la Directiva se Involucre

Trabaja con los Líderes para Mapear el Flujo de Valor de la Empresa. Estarán tan anonadados e impresionados con esta nueva visión de su empresa que creará aceptación. Dónde no cree aceptación u obtenga apoyo de los Líderes- PASA. Estarás golpeando tu cabeza contra una pared de ladrillos y las soluciones no serán sostenibles sin el involucramiento de los Líderes.

3.   Gestiona el Cambio

Pasa tu tiempo implicando gente. No te vayas por la gran estrategia de comunicación a nivel de organización en la que cubres cada pared y puerta de baño con un poster de cambio, más bien implementa un enfoque de gestión de cambio de bajo perfil en el que obtengas resultados primero y luego conviertas a las personas a lo largo del camino.

4.   Enfócate en los mayores problemas usando la metodología de FOCUS

Usa a tus Expertos en Lean para Mapear el Flujo de Valor de la empresa, pero entrena a los Directores de Proyectos Lean en FOCUS. Una aproximación estructurada a la manufactura Esbelta que toma las Herramientas Lean y las simplifica para el director de proyectos regular. Deja que tus Gerentes de Proyectos ejecuten proyectos Lean de FOCUS para resolver los problemas identificados dentro del Flujo de Valor.

FOCUS es un acrónimo (en inglés) para Enfocarse, Operar, Crear, Utilizar y Sustentar.

Basado en tu conocimiento laboral del problema con el que empezaste con Enfoque dónde inicias tu charla y el caso de tu empresa. Luego pasa a Operar dónde vas a ir a la fuente del problema y recolectar información relevante, mapea el estado actual y diagnostica el problema.

En Crear buscas oportunidades para reducir el desperdicio y desarrollar el estado futura y en UTILIZAR, utilizas la solución abordando los riesgos y retocando el proceso. SUSTENTAR trata de sustentar las ganancias, buscar errores en el proceso y gestionar el desempeño del proceso.

Para demostrar estos cuatro principios permíteme contarte acerca de implementar la manufactura esbelta en una gran Paraestatal. Una compañía con muchos retos a pesar de que fueron capaces de lograr resultados en bolsillos de la empresa donde las condiciones eran las correctas.

El enfoque era encontrar focos de excelencia. El Equipo Lean realizó Ejercicios de Mapeo del Flujo de Valor en la empresa para identificar las áreas de mayor necesidad y oportunidad. Ciertos Líderes fueron impresionados por los resultados y se involucraron en el proceso. Los Directores de Proyectos Lean fueron entrenados primero en Gestión de Cambio y luego en la metodología de FOCUS para la manufactura esbelta. Esto les permitió abordar los proyectos de una manera estructurada y efectiva. En los primeros 3 meses, la compañía tuvo cerca de $3M de ahorros.

La manufactura esbelta es para la Empresa lo que el Internet es para la computación. Si no estás en ella, estás perdiendo el barco. Puede que no seas Henry Ford o Edwards Deming pero puedes obtener resultados con FOCUS Lean.

LA MANUFACTURA ESBELTA AUMENTA LA PRODUCTIVIDAD

La manufactura esbelta se trata de mejorar la calidad y minimizar los errores. Puede ayudar a acelerar la manufactura y la mayoría de otros procesos empresariales. Esto se debe principalmente a que crea una infraestructura de personas en una organización que son expertas en su nivel dado de conocimiento de Six Sigma. Tienen un trabajo específico, saben cómo realizarlo y ayudarán a reducir los costos e incrementar las ganancias. Esta es su misión principal.

Desde 1986 ha estado funcionando este método. Hay seis pasos para el proceso que tienen que realizarse exactamente para que funcione adecuadamente. Estos pasos se concentran en sacar más del menor trabajo y eliminar los defectos que existan en el desarrollo del producto. Básicamente acelera el proceso de toma de decisiones dentro de la compañía. En la economía de hoy en día eso no tiene precio. La mayoría de las compañías hoy en día usan más producción con menos paga.

Con las grandes compañías como Toyota adoptando esta filosofía, su éxito es fácil de reconocer. Al identificar el desperdicio, los problemas de transporte, problemas de inventario y fallas de equipo, las compañías pueden disminuir significativamente los costos y acelerar la producción.

Muchas veces puede reducir costos hasta un 50%. En esta economía, eso es increíble. Puede ayudarte realmente a eliminar los despidos. Los empleados encuentran que adoptar esta metodología es una solución mucho mejor que disminuir las ventas, especialmente cuando siguen con sus trabajos.

Puesto que la Manufactura Esbelta se enfoca en la gestión, funciona. Los empleados no sólo aceptarán los cambios sino que estarán menos frustrados al final.

Serán capaces de hacer su trabajo y hacerlo mucho más sencillo. De hecho, usar el proceso Lean terminará creando una comunicación más fuerte entre la gerencia y los empleados. Cuando las tensiones sean muy altas, esto puede ser verdaderamente una bendición. A ninguna compañía le gusta tener problemas de comunicación entre la gerencia y los empleados.

Las estrategias son simples. Incluyen definir, medir, analizar, mejorar y controlar para la mejora del proceso. Esto se conoce de otro modo como el método DMAIC. Cuando estos elementos son abordados, pueden ser herramientas poderosas para identificar y eliminar el desperdicio en procesos y productividad. Este método minimiza las entradas y las salidas derrochadoras y resultará en un inventario abrumador a menor costo.

Cuando la productividad es baja y se estanca, se tiene que desarrollar una nueva forma de gestión. Esta es la manera en que la manufactura funciona. Cambiar las cosas puede lograr mucho, y a veces es vital tan vital que el futuro de la compañía puede estar en riesgo sin ello. Tener el entrenamiento adecuado e implementar un proceso nuevo puede tomar tiempo y dinero, pero al final, vale mucho la pena.

Mientras que la Manufactura Esbelta es una gran teoría para la mayoría de las compañías, es bastante importante obtener el entrenamiento apropiado antes de implementarlo. Una compañía necesita el consejo de expertos y entrenamiento o no funcionará adecuadamente y no será efectiva. Los atajos no son recomendados, implementar este proceso de manera apropiada es vital para un resultado exitoso.

LEAN DISEÑADO PARA LA MANUFACTURA

Algo que aprenderás para la fabricación con Lean es cómo mejorar el tiempo de respuesta a los clientes. Podrías pensar que actualmente lo estás haciendo bastante bien. Una vez que pases por el entrenamiento lean, puedes encontrar mejores formas de mejorar el tiempo de respuesta al cliente, lo que resultará en rentabilidad para la compañía.

Cuando completes lean, tendrás el conocimiento para ser capaz de volver Lean cualquier organización o fábrica. Con eso nos referimos a que puedes reducir los desperdicios y redundancias de una empresa, resultando en mayores ganancias y menos gastos. La meta y el resultado de esto es aumentar la eficiencia y la productividad con de los recursos suministrados a la compañía. Aprenderás acerca del desperdicio y cómo eliminarlo en cada proceso de una empresa.

Aprenderás acerca de cuáles cosas agregan valor a una empresa y cuáles se deben eliminar si la compañía quiere tener éxito. Un gran beneficio es la habilidad de reconocer cuellos de botella en procesos que no fuiste capaz de ver antes.

Una persona que pase por el entrenamiento de Six Sigma también aprenderá a utilizar lean en cualquier lugar. No sólo aprenderás a crear una estrategia, sino que aprenderás a implementar los verdaderos pasos para hacer que suceda. No te quedarás sentado hablando de ella sino que harás que las mejoras realmente sucedan en la empresa. Tendrás el conocimiento para llevar la compañía a niveles más altos y la capacidad de implementar la solución. Esto también incluye un programa de mantenimiento productivo total para la eficiencia y la productividad de un empresa.

El entrenamiento de Lean Six Sigma también brinda el conocimiento para mantener las mejoras e identificar nuevas áreas de mejora en el mercado y en la organización. Esto significa que cualquiera puede tomar estas clases, inclusive un cinturón negro profesional certificado de Six Sigma aprenderá con esta información.

Cualquier empresa de manufactura se beneficiará al enviar a su personal a los cursos y entrenamientos de Lean Six Sigma. Esta educación es esencial para el éxito cuando haya problemas con el proceso y la infraestructura. Este programa ayudará a las persona a entender cómo mejorar todos los procesos y a implementar una nueva estrategia que funcione y sea exitosa.

CAPÍTULO 9
LAS CUATRO PREMISAS MÁS IMPORTANTES DE LEAN

Empleados Lean. Managers Lean. A menudo ven las cosas de manera distinta. Los líderes se enfocan en cumplir los objetivos y las necesidades del servicio al cliente. Pero los equipos de mejora continua a menudo se desmoralizan y se sienten abrumados ante el incesante cambio y las exigencias sin fin.

Un hecho que a menudo se pasa por alto en el día a día es que los empleados motivados y comprometidos no sólo tienen una moral más alta, sino que también son más productivos. El truco para maximizar el éxito de Lean es gestionar los resultados y la satisfacción del empleado al mismo tiempo.

Si quieres que tu equipo se comprometa con la mejora continua (cualquier esfuerzo por hacer más con menos) tienes que aprender. Tienes que ayudar a tus empelados para que quieran participar. Tienes que mostrarles las cuatro letras más importantes de la mejora continua.

Afortunadamente para ti, la mejora continua es realmente buena para las personas de tu compañía- si lo haces de la manera correcta.

El reto está en que a pesar de que los empleados escuchen lo genial que es para tu compañía, puede que no siempre vean la manera en que Lean los beneficia individualmente. Si realmente no entienden que hay algo de eso para ellos, a menudo terminarán yendo sobre la marcha.

Sigue estos indicadores para ayudar a hacer que tus equipos se comprometan con tu ambiente Lean:

1.   Escucha de verdad a tus empleados de primera línea.

La reacción de tu personal creará o terminará con tus esfuerzos de mejora continua. Tómate el tiempo para averiguar qué cambios esperan y cuáles son sus mayores preocupaciones. No saber lo que tus empleados piensan puede perjudicarte más adelanteon.

2.   Reconoce que todo el mundo es diferente.

Cada persona tiene sus propias necesidades. Intentar cumplir las necesidades de todos tus empleados con un solo conjunto de beneficios es un error. Haz el esfuerzo de averiguar lo que cada uno valora en el trabajo.

¿Quieren más horas extras o no? ¿Prefieren un horario flexible o les gusta la consistencia en su rutina? ¿Les gusta la variedad o están más cómodos con la estructura a lo largo del día?

Organiza las mejoras de tus proyectos de modo tal que la compañía se acerque más a sus objetivos, pero ayuda también a tus empleados para que obtengan más de lo que quieren.

3. No asumas que las metas corporativas inspiran a tu equipo.

Los miembros del equipo quieren hacer bien su trabajo, pero no todos se emocionarán por la rotación del inventario o la reducción del capital de trabajo del modo en que lo haces (¡ y algunos podrían no conocer los términos siquiera!) Quieren que la compañía sea exitosa, pero eso está relacionado (al menos en parte) a la necesidad de seguridad laboral, un deseo de aumentos anuales y el reconocimiento de que si la compañía tiene problemas, el cinturón podría apretarse bastante. Si la compañía va mejor, ¿cuál será la mejora en la vida del empleado? Muéstraselas.

4. Aborda lo malo.

No pintes una imagen que no coincide con la realidad de tus empleados. La realidad es que algunos equipos lo tienen sencillo antes de implementar Lean. Por ejemplo, El trabajo estándar podría eliminar algo de tiempo improductivo. Cuando Lean se lleva algo que los empleados valoran, se genera resentimiento y resistencia. Este no es el momento para convencerlos de que Lean es bueno para ellos. Simplemente reconoce que Lean hace que algunas cosas sean más difíciles, pero luego enfócate en las cosas que realmente son mejores.

5. Sé honesto y realista.

Si creas altas expectativas que nunca se cumplen, simplemente aplastas el compromiso de tu equipo. Harán su parte, pero nunca verán lo que se supone que iba a estar frente a ellos. Esto hará que sea mucho más difícil hacer que tu equipo acepte cambios futuros.

6. Brinda un entrenamiento relevante y oportuno

Es difícil para los empleados apoyar algo que no entienden. El entrenamiento hace que tu equipo sepa qué esperar y combate el sentimiento de indefensión durante el cambio incesante. El entrenamiento también les da conocimiento de primera mano de las cosas que Lean les ofrece.

7. Administra el ritmo.

Es difícil para los empleados ver el beneficio de trabajar en la mejora continua si la compañía siempre está enfrentando una crisis. Al final de cada mes, las personas no deberían estar bajando de los salones como si su cabeza estuviese en llamas, y los equipos no deberían estar haciendo todo lo posible por tener éxito en cada pedido de un cliente grande. De vez en cuando está BIEN, pero si sucede muy frecuentemente, los equipos no querrán esforzarse más para la continua mejora. No hay beneficio en hacer mejoras si la compañía siempre va a estar al límite. Los empleados tienen que ver un rayo de esperanza en el horizonte, y un ritmo frenético oscurece ese rayo.

8. Crea relaciones.

Las relaciones con los jefes y compañeros de trabajo son muy importantes para los empleados. Ayúdales a crear y fortalecer esas relaciones contigo y sus pares de modo que quieran ayudarte a hacer que Lean funcione. Asegúrate de que los esfuerzos de mejora continua no hagan que los equipos tengan roces o que se creen condiciones adversas.

Usa estos indicadores para empezar a mostrarle a tus empelados lo que pueden sacar de la mejora continua. Una vez que estén comprometidos con tus esfuerzos, el éxito de Lean despegará.

CAPÍTULO 10
¿CÓMO ESTIMULA EL ENTRENAMIENTO LEAN LA CALIDAD Y LA EFICIENCIA?

Hay ciertas cosas básicas tales como la autenticidad de los datos, logística efectiva, reducción en los tiempos de ciclos y otras más que hacen que la iniciativa Lean traiga eficiencia y calidad a las compañías.

1. Autenticidad de los Datos

Los datos que van en los proyectos de mejora Lean deberían ser auténticos. Se tienen que hacer esfuerzos para recolectar datos genuinos y contribuir a las mejoras de eficiencia en procesos y productos.

2. Sistemas de Producción

Lean hace énfasis en el sistema de producción secuencial, en lugar de usar la técnica programación de tareas. La técnica secuencial es bastante efectiva para fabricar solamente las cantidades que son requeridas por el siguiente proceso- y solamente cuando se requieren.

Además, ayuda a reducir de manera efectiva el desperdicio en gran medida, así como también a eliminar las fuentes de desperdicios. Se trata de desarrollar un sistema de entendimiento que le dé prioridad al área de ventas. Esta técnica es útil no sólo para grandes organizaciones, sino también para empresas pequeñas y medianas.

3. Gestión del Desempeño

Un proyecto Lean requiere el esfuerzo del equipo en todas las etapas. Un equipo que trabaje de cerca sin ningún malentendido puede combinar sus esfuerzos para lograr los resultados deseados en el programa. El director del proyecto tiene que trabajar para motivar al equipo a que se esfuerce para lograr las metas y objetivos de la organización.

4. Logística Efectiva

El sistema Lean ayuda a desarrollar un sistema de logística efectiva que busca reducir los costos y desperdicios por el transporte del inventario. Esto ayuda al flujo continuo desde la materia prima hasta los productos finales de un proceso a otro.

5. Reducción del Tiempo de Ciclo

Lean permite la reducción de los tiempos de ciclo que son una causa mayor del exceso de costos sin valor añadido. Los esfuerzos se tratan de eliminar las causas de los tiempos de ciclo excesivos. Las soluciones a corto plazo a tales problemas sólo darán lugar a problemas similares en el futuro.

6. Sistema de Producción Lineal

El entrenamiento Lean ayuda a desarrollar un modelo de producción de modo tal que la producción suceda cuándo exista demanda por el producto. A menudo, en la forma tradicional del sistema de producción, los bienes son producidos en mayor cantidad de modo que puedan ser proporcionados inmediatamente según la demanda.

Sin embargo, esto siempre hace que la rentabilidad de los productos se desperdicie, si la demanda por el producto baja debido a varias razones tales como la naturaleza temporal de la demanda del producto, el no cumplimiento de los estándares de calidad, lotes de producción defectuosa entre otros. Con sistema de producción lineal, tales problemas pueden superarse con la menor cantidad de desperdicio.

7. Decisiones Oportunas

El entrenamiento Lean hace posible que las compañías manufacturaras tomen decisiones oportunas respecto a todos los factores tales como la demanda del producto, el reclutamiento, los recortes y muchos más. Las decisiones oportunas permiten aprovechar una oportunidad en el momento correcto, lo que ayuda a incrementar la rentabilidad.

Estas características del entrenamiento Lean ayudan a llevar eficiencia y calidad a todas las compañías, bien sean grandes o pequeñas. La ventaja del proyecto se mantendrá durante un largo período de tiempo.

CAPÍTULO 11
SIX SIGMA VS MANUFACTURA ESBELTA

La manufactura esbelta y Six Sigma son dos conjuntos de herramientas distintos que tienen el objetivo de reducir el desperdicio en diferentes procesos empresariales. Hay algo de controversia entre los dos, pero ambos son conceptos probados y le han ahorrado mucho dinero a sus clientes.

Ambos procesos están íntimamente relacionados. Ambas estrategias fueron desarrolladas por grandes compañías, la meta era reducir o eliminar al máximo el exceso de producción.

La diferencia principal entre los dos es que la manufactura esbelta es una metodología usada para eliminar el desperdicio, mientras que Six Sigma se usa para eliminar los defectos.

SIX SIGMA VS MANUFACTURA ESBELTA

El enfoque de Six Sigma es eliminar los problemas relacionados a los productos fabricados. Motorola USA diseñó esta estrategia en el año 1981. Esta estrategia se enfoca principalmente en el cliente. Se enfoca en la satisfacción del cliente puesto que creen en el dicho de "si el cliente no está satisfecho, nadie está satisfecho". Los defectos que identifican para eliminar son aquellos que el cliente no quiere que el producto tenga.

Six Sigma tiene dos objetivos principales:

Primero: Mejorar el proceso y/o producto actual.

Segundo: Crear nuevos procesos, aquellos que sean más aptos para eliminar los defectos.

Estas metas están interrelacionadas, y es muy posible que para que una compañía cambie el proceso defectuoso actual o el defecto del proceso, al mismo tiempo tenga que implementar procesos nuevos.

El enfoque principal de la manufactura esbelta es eliminar el desperdicio en el proceso de manufactura. Esta estrategia fue desarrollada por Toyota. A diferencia de Six Sigma el objetivo de este proceso no está afuera, en el cliente, sino dentro, en los gastos de la compañía. La meta es reducir el precio.

La manufactura esbelta funciona en distintos niveles. El proceso de manufactura se considera, por ejemplo, el flujo de materiales, la flexibilidad de los procesos y su automatización. La materia prima también se considera incluyendo los costos de los materiales. Intenta reducir el uso de la materia prima en exceso, bien sea humana o natural.

Aspectos Comunes entre la manufactura esbelta y Six Sigma

Si estás en el negocio de la manufactura, puede que tengas que incorporar algunos procesos de ambas estrategias. Si reduces el desperdicio, puedes mantener los costos bajos, tanto para ti como para el cliente, y al reducir los defectos, tus clientes estarán complacidos de tener un producto perfecto. Esto resultaría en la reducción de los desperdicios en tu departamento de reparaciones y garantías también.

CONCLUSIÓN

Muchas compañías quieren volverse Lean. Y algunas de estas compañías realmente implementarán la optimización lean. Pero algunas de ellas fallarán en implementarlo apropiadamente porque se olvidan del elemento de apoyo para la producción lean- el entrenamiento lean.

Muchas empresas piensan que la producción lean o la gestión de la logística o de la cadena de suministros solamente implica eliminar el desperdicio y optimizar los procesos. El entrenamiento Lean es igual de importante. No te confundas por la palabra "entrenamiento". El entrenamiento es una cosa- y el entrenamiento lean es otra.

El entrenamiento adquiere muchas formas. Puede ser el proceso de enseñar a los trabajadores los nuevos procesos lean, por ejemplo: adiestrar a los trabajadores portuarios en nuevas rutas de flujo y procedimientos de almacenamiento, es decir, algo tan sencillo como apilar de izquierda a derecha y de derecha a izquierda puede ahorrar 3 horas de trabajo por semana.

Pero el aspecto más interesante del entrenamiento lean es cuando alienta a los empleados a pensar de verdad en lean y a refinar los procesos lean. El entrenamiento alienta a la cultura corporativa a cambiar a lean porque demuestra el compromiso de la directiva con lean. Además de eso- el entrenamiento lean tiene sentido.

El entrenamiento Lean es la clave para volver a encarrilarse cuando los procesos lean no están funcionando. Si tu plan lean no está logrando sus objetivos, puede que la falta de entrenamiento sea una de las razones. Lo primero que hay que hacer es asegurarse de que los directivos medios estén completamente informados de los nuevos procesos y de que sean capaces de entrenar a los empleados por los que son responsables en esos procesos. Además- tienen que alentar a los empleados a buscar cuellos de botella e ineficiencias y a transmitir dicha información.

Esta es la clave para la gran producción lean: evaluación y entrenamiento constante para mantener el enfoque en reducir los gastos generales y mejorar los resultados. El cambio una cultura corporativa lean implica que todos deben enfocarse en eliminar el desperdicio, crear eficiencia y transmitir el conocimiento. No olvides incluir el entrenamiento lean como parte del cambio a la cultura lean- es una necesidad, no es un lujo.

www.ingramcontent.com/pod-product-compliance
Lightning Source LLC
Chambersburg PA
CBHW052335220526
45472CB00001B/439